ESSENTIAL GUIDE TO CHINESE HISTORY

PART 18

CULTURAL REVOLUTION

文化大革命

SECOND EDITION (LARGE PRINT)

学习简单的中国历史文化

QING QING JIANG

PREFACE

Welcome to the Chinese History series, a series dedicated to helping Mandarin Chinese learners improve Chinese reading skills. In this series, we will discover China's 5,000-year-old history. Each of the books will focus on one important ruling Chinese dynasty. The books contain numerous lessons in Mandarin Chinese. We start with a ruling dynasty specific preface (前言), a brief introduction to the dynasty or related themes, and continue to dig the important aspects of the ruling era, such as politics, economy, etc. in the form or chapters. Each book contains 5 to 10 chapters. For the readers' convenience, a comprehensive list of vocabulary has been provided at the beginning of each chapter. The pinyin for the Chinese text is provided after the main text. Further, to enforce deeper learning, the English interpretation of the Chinese text has been purposely excluded for the books. This would help the readers think deeply about the contents the way native Chinese think. In order to help the Chinese learner remember important characters, words, long words, idioms, etc., these entities have been purposely repeated throughout the book, and across the books in the series. Taken together, the books in Chinese History series will tremendously help readers improve their Chinese reading skills.

If you have any questions, suggestions, and feedbacks, feel free to let me know in the review or comments.

You can find more about China and Chinese culture on my Amazon homepage.

I blog at:

www.QuoraChinese.com

-Qing Qing 江清清

©2023 Qing Qing Jiang

All rights reserved.

ESSENTIAL GUIDE TO CHINESE HISTORY

ACKNOWLEDGMENTS

I am a blogger. It has been a long and interesting journey since I started blogging quite a few years ago.

The blogging passion enabled me to write useful contents. In particular, I have been writing about China, and its culture.

My passion in writing was supported by my friends, colleagues, and most importantly, the almighty.

I thank everyone for constantly inspiring me in my life endeavours.

CONTENTS

PREFACE 2
ACKNOWLEDGMENTS 4
CONTENTS 5
INTRODUCTION TO THE HISTORY OF QING DYNASTY (清朝历史简介) 8
BACKGROUND (背景) 14
LAUNCH – PART 1 (发动) 18
LAUNCH –PART 2 (发动) 24
PROCESS –PART 1 (经过) 31
PROCESS – PART 2 (经过) 38
INFLUENCE (影响) 44

前言

人非圣贤，孰能无过？就算是在伟大的人也有犯错的时候。我国伟大的人民领袖毛主席，

不仅是诗人，伟大的政治家，革命家，更是引领近代中国昂首向前的英雄人物。他为中国共产党和中国人民解放军的创立和发展，为全国各族人民解放战争胜利，为新中国的成立和社会主义事业的发展，有着不可磨灭的功勋。他质朴勤劳，文采斐然，大义凛然，能决断，能打仗，永远跟中国老百姓共进退的伟岸形象深刻民心。可以说，他是时代的英雄，中国的豪杰。而正是这样一个伟大的人物也有犯错的时候，在毛主席的晚年，他开展文化大革命，这给中国人民带来了一些灾难。具体情况是怎样的呢？又为什么会发生这种情况呢？让我们带着问题接着阅读。用我们的心去倾听时代的声音。

Rén fēi shèngxián, shú néng wúguò? Jiùsuàn shì zài wěidà de rén yěyǒu fàncuò de shíhòu. Wǒguó wěidà de rénmín lǐngxiù máo zhǔxí, bùjǐn shì shīrén, wěidà de zhèngzhì jiā, gémìngjiā, gèng shì yǐnlǐng jìndài zhōngguó ángshǒu xiàng qián de yīngxióng rénwù. Tā wéi zhōngguó gòngchǎndǎng hé zhōngguó rénmín jiěfàngjūn de chuànglì hé fāzhǎn, wèi quánguó gè zú rénmín jiěfàng zhànzhēng shènglì, wèi xīn zhōngguó de chénglì hé shèhuì zhǔyì shìyè de fǎ zhǎn, yǒuzhe bùkě mómiè de gōngxūn. Tā zhípú qínláo, wéncǎi fěirán, dàyìlǐnrán, néng juéduàn, néng dǎzhàng, yǒngyuǎn gēn zhōngguó lǎobǎixìng gòng jìntuì de wěi'àn xíngxiàng shēnkè mínxīn. Kěyǐ shuō, tā shì shídài de yīngxióng, zhōngguó de háojié. Ér zhèng shì zhèyàng yīgè wěidà de rénwù yěyǒu fàncuò de shíhòu, zài máo zhǔxí de wǎnnián, tā kāizhǎn wénhuà dàgémìng, zhè gěi zhōngguó rénmín dài láile yīxiē zāinàn. Jùtǐ qíngkuàng shì zěnyàng de ne? Yòu wèishéme huì fāshēng zhè zhǒng qíngkuàng ne? Ràng wǒmen dàizhe wèntí jiēzhe yuèdú. Yòng wǒmen de xīn qù qīngtīng shídài de shēngyīn.

INTRODUCTION TO THE HISTORY OF QING DYNASTY (清朝历史简介)

The Cultural Revolution (文化大革命), full name "Proletarian Cultural Revolution" (无产阶级文化大革命), and often abbreviated as Wen Ge (文革), took place in China from May 1966 to October 1976. It was a wrongly launched mass movement by Mao Zedong (毛泽东, December 26, 1893 - September 09, 1976). It caused numerous problems to the Party (党), the country (国家) and the people of all ethnic groups (各族人民). It left extremely painful lessons (惨痛的教训) for all.

In fact, the "Cultural Revolution" caused the Party, the country, and the people to suffer the most serious setbacks and losses since the founding of the People's Republic of China. This "Cultural Revolution" was initiated and led by Mao Zedong. His main thesis was that a large number of representatives of the bourgeoisie and counter-revolutionary revisionists had infiltrated the Party, the government, the army, and all walks of life. He felt that the leadership of a considerable majority of organizational units across the country was no longer in the hands of the people (Party).

Mao Zedong felt that many in the CPC supported capitalism and they had formed a bourgeois "headquarter" (资产阶级司令部) in the CPC Central Committee. He argued that the capitalist ideology driven people were "revisionist" (修正主义, against socialist) and they had agents in all provinces (省), cities (市), autonomous regions (自治区), and central departments (中央各部门, departments under the Party's Central Committee and the State Council).

Mao Zedong opined that no previous moment could solve these problems. Only by carrying out the Cultural Revolution and mobilizing the masses, the problems could be solved. Hence, he wanted to openly, comprehensively, and from bottom to top to expose the dark side of bourgeois "headquarter" in order to truly regain the power usurped by the supporters of capitalism.

Indeed, the main rationale for launching the "Cultural Revolution" was to prevent the capitalism, and to promote China's own path of socialism. As the leader of a ruling proletarian party, Mao Zedong constantly observed and thought about the problems in the real life of the emerging socialist society. He paid great attention to the consolidation of the party and people's political power and he was highly vigilant against the danger of capitalism. He wanted to carry out a continuous and unremitting struggle to eliminate corruption, privilege, bureaucracy, and other problems of the party and government.

In order to launch the "Cultural Revolution" in the whole country, the Political Bureau of the Central Committee held an enlarged meeting (扩大会议) from May 4 to 26, 1966.

The enlarged meeting of the Politburo (政治局) held by the Central Committee of the Communist Party of China (中共中央) in May 1966, as well as the Eleventh Plenary Session of the Eighth Central Committee (八届十一中全会) held in August 1966 marked the full launch of the Cultural Revolution. From then on, the ten-year civil strife of the "Cultural Revolution" began.

Students in colleges and high schools took the lead in the moment. In a short period of time, the "Red Guards" (红卫兵) organized by the students swarmed up everywhere. They fought with the school teachers. Some party and government organs were attacked as well. The movement soon spread from within the party to society, and social unrest began to appear out of control.

The Party Central Committee, under the auspices of leaders, Liu Shaoqi (刘少奇, 1898-1969) -- then president of the People's Republic of China, and Deng Xiaoping (邓小平, 1904-1997) – then general secretary of the Central Secretariat, tried to stabilize the situation. They made a decision to form a working group (工作组) and streamline the movement. The differences between leaders, Liu Shaoqi/Deng Xiaoping and the Central Cultural Revolution Group became increasingly acute on how to deal with the movement. The working group was accused of effectively taking a stand against the proletarian revolution and support capitalism. The central government decided to annul (撤销) the working group.

From August 1st to 12th in 1966, the Eleventh Plenary Session of the Eighth Central Committee of the Party was held. During the meeting, Mao Zedong wrote the famous article "Bombarding the Headquarters - My Big Character Poster" 《炮打司令部——我的一张大字报》. The text reads:

"全国第一张马列主义的大字报和人民日报评论员的评论，写得何等好啊！请同志们重读这一篇大字报和这篇评论。可是在五十多天里，从中央到地方的某些领导同志，却反其道而行之，站在反动的资产阶级立场，实行资产阶级专政，将无产阶级轰轰烈烈的文化大革命运动打下去，颠倒是非，混淆黑白，围剿革命派，压制不同意见，实行白色恐怖，自以为得意，长资产阶级的威风，灭无产阶级的志气，又何其毒也！联系到 1962 年的右倾和 1964 年形"左"而实右的错误倾向，岂不是可以发人深醒的吗？"

"Quánguó dì yī zhāng mǎliè zhǔyì de dàzì bào hé rénmín rìbào pínglùn yuán de pínglùn, xiě dé héděng hǎo a! Qǐng tóngzhìmen zhòngdú zhè yī piān dàzì bào hé zhè piān pínglùn. Kěshì zài wǔshí duō tiān lǐ, cóng zhōngyāng dào dìfāng de mǒu xiē lǐngdǎo tóngzhì, què fǎn qí dào ér xíng zhī, zhàn zài fǎndòng de zīchǎn jiējí lìchǎng, shíxíng zīchǎn jiējí zhuānzhèng, jiāng wúchǎn jiējí hōnghōnglièliè de wénhuà dàgémìng yùndòng dǎ xiàqù, diāndǎo shìfēi, hùnxiáo hēibái, wéijiǎo gémìng pài, yāzhì bùtóng yìjiàn, shíxíng báisè kǒngbù, zì yǐwéi déyì, zhǎng zīchǎn jiējí de wēifēng, miè wúchǎn jiējí de zhìqì, yòu héqí dú yě! Liánxì dào 1962 nián de yòuqīng hé 1964 nián xíng "zuǒ" ér shí yòu de cuòwù qīngxiàng, qǐ bùshì kěyǐ fā rén shēn xǐng de ma?"

Initially, Mao Zedong wrote this with a pencil in the corner of a newspaper. Then it was revised with a title, and subsequently it was issued at the meeting. This article was also published by the People's Daily.

Basically, this article argued that there was a bourgeois headquarters in the central government, and pointed fingers at Liu Shaoqi and Deng Xiaoping. Although Mao Zedong did not provide names in this article, however, under the prevailing conditions at that time, it was self-evident that he attacked Liu Shaoqi, and Deng Xiaoping, with a focus on Liu Shaoqi.

Afterwards, although Liu Shaoqi and Deng Xiaoping were still members of the Standing Committee of the Political Bureau of the CPC Central

Committee (中共中央政治局常委), they virtually had to give up their leadership positions and were exposed and criticized. At the Eleventh Plenary Session of the Eighth Central Committee, Liu Shaoqi's position in the party dropped from second to eighth, while Lin Biao rose from sixth to second (林彪, 1907-1971).

On January 1, 1967, students from colleges and universities in Beijing held a rally in Tiananmen Square (天安门广场) to "denounce" the "crimes" of Liu Shaoqi and Deng Xiaoping. In early January 1967, Beijing Xinhua Bookstore (北京新华书店) took the lead in burning the portraits of Liu Shaoqi and Deng Xiaoping in Tiananmen Square, and sent letters/telegrams across to the whole country to fight against Liu and Deng.

From October 13 to 31, in 1968, the CCP held the Twelfth Plenary Session of the Eighth Central Committee (八届十二中扩大会议) in Beijing, and decided to permanently expel Liu Shaoqi, the "No. 1 follower of capitalist ideology" from the party, while Deng Xiaoping retained his party membership due to Mao Zedong's intervention. Liu Shaoqi was imprisoned as well. At 6:40 a.m. on November 12, 1969, Liu Shaoqi died unjustly.

The Cultural Revolution ended after Mao Zedong died in 1976.

In order to move on, not blame too much to Mao Zedong, and to show compassion, the "Gang of Four" (四人帮) was prosecuted. Jiang Qing (江青), wife of Mao Zedong, who was part of "Gang of Four", was tried publically and given the death sentence. This was during this trial that she gave the famous statement "I am a dog of Chairman Mao; I bit whoever he asked me to bite" (我是主席的一条狗，主席要我咬谁就咬谁). She later died by suicide.

During the ten-year "Cultural Revolution", everyone from the President of the Republic Liu Shaoqi to leading cadres at all levels suffered huge disasters. Lao She (老舍, 1899-1966), a prominent author, died during the Cultural Revolution. The number of people who suffered various forms of harm could be as high as up to 100 million.

Due to the unclear understanding of the laws of socialist ideas, differences between the theory and practice, many correct ideas of socialism were not correctly implemented, which eventually led to civil strife.

After the revolution ended and Deng Xiaoping came back to the helm of CPC, he made arduous efforts to rehabilitate wrongful convictions.

On April 30, 1987, Deng Xiaoping lamented "The Cultural Revolution began in 1966, and it continued for ten years. It was a catastrophe. At that time, many veteran cadres were persecuted, including me."

From February 23 to 29, 1980, the Central Committee of the Communist Party of China held the Fifth Plenary Session of the Eleventh Central Committee in Beijing. The plenary session unanimously passed a resolution to revoke the erroneous resolution passed by the enlarged meeting of 1968. It also restored the reputation of Comrade Liu Shaoqi.

BACKGROUND (背景)

1	资本主义	Zīběn zhǔyì	Capitalism
2	复辟	Fùbì	Restore a dethroned monarch (or the old order)
3	发动	Fādòng	Start; launch; engine on; get started
4	文化大革命	Wénhuà dàgémìng	The Great Proletarian Cultural Revolution; the Great Cultural Revolution
5	毛泽东	Máozédōng	Mao Zedong, the founder of the People's Republic of China
6	共产党	Gòngchǎndǎng	The Communist Party
7	也就是	Yě jiùshì	Namely; i.e.; that is
8	无产阶级	Wúchǎn jiējí	The proletariat
9	政党	Zhèngdǎng	Political party
10	领袖	Lǐngxiù	Leader
11	当时	Dāngshí	Then; at that time; just at that moment; right away; at once; immediately
12	社会主义	Shèhuì zhǔyì	Socialism
13	新兴	Xīnxīng	New and developing; newly developing; burgeoning; rising
14	首发	Shǒufā	First launch; IPO; starting
15	党的建设	Dǎng de jiànshè	The Party building
16	政权	Zhèngquán	Political power; regime

17	巩固	Gǒnggù	Consolidate; strengthen; solidify
18	防止	Fángzhǐ	Prevent; guard against; forestall; avoid
19	消灭	Xiāomiè	Perish; die out; pass away; annihilate
20	腐败	Fǔbài	Rotten; putrid; decayed; go home
21	特权	Tèquán	Privilege; prerogative
22	官僚主义	Guānliáo zhǔyì	Bureaucracy
23	不懈	Bùxiè	Untiring; unremitting; indefatigable
24	斗争	Dòuzhēng	Struggle; fight; combat; accuse and denounce at a meeting
25	社会主义建设	Shèhuì zhǔyì jiànshè	Socialist construction
26	把握	Bǎwò	Grasp; hold; seize
27	不够	Bùgòu	Not enough; insufficient
28	不管	Bùguǎn	No matter; despite; however; disregard
29	理论上	Lǐlùn shàng	Theoretically; in theory; in the abstract; on paper
30	还是	Háishì	Still; nevertheless; all the same
31	实践	Shíjiàn	Practice; put into practice; carry out; reduce to practice
32	正确	Zhèngquè	Exactness; correct; right; proper
33	思想	Sīxiǎng	Thought; thinking; idea; ideology
34	落实	Luòshí	Practicable; workable
35	导致	Dǎozhì	Cause; lead to; bring about; result in
36	内乱	Nèiluàn	Civil strife; internal disorder

Chinese (中文)

  为了防止资本主义复辟，寻求中国自己建设社会主义的全新的道路，发动了文化大革命。当时毛泽东是国国共产党的领导，也就是无产阶级政党的领袖，他不断的观察和思考着中国人民生活和工作中出现的问题，因为当时的社会主义是新兴的，首发的，他当时最关注的就是党的建设和人民政权的巩固。当时最大的问题就是要防止资本主义复辟，为了消灭党和政府中的腐败和特权行为，官僚主义等，当时的中国必须进行不断的探索和不懈的斗争。但是当时的中国是首次进行社会主义改革。对于社会主义建设的思想并没有准确的把握，对于社会主义规律的认识不够准确。我们不管是从理论上还是从实践上都存在着一些问题，并且有很多关于社会主义建设的正确的思想并没有得到落实，导致了内乱。

Pinyin (拼音)

  Wèile fángzhǐ zīběn zhǔyì fùbì, xúnqiú zhōngguó zìjǐ jiànshè shèhuì zhǔyì de quánxīn de dàolù, fādòngle wénhuà dàgémìng. Dāngshí máozédōng shì guó guó gòngchǎndǎng de lǐngdǎo, yě jiùshì wúchǎn jiējí zhèngdǎng de lǐngxiù, tā bùduàn de guānchá hé sīkǎozhe zhōngguó rénmín shēnghuó hé gōngzuò zhòng chūxiàn de wèntí, yīnwèi dāngshí de shèhuì zhǔyì shì xīnxīng de, shǒufā de, tā dāngshí zuì guānzhù de jiùshì dǎng de jiànshè hé rénmín zhèngquán de gǒnggù. Dāngshí zuìdà de wèntí jiùshì yào fángzhǐ zīběn zhǔyì fùbì, wèile xiāomiè dǎng hé zhèngfǔ zhōng de fǔbài hé tèquán xíngwéi, guānliáo zhǔyì děng, dāngshí de zhōngguó bìxū jìnxíng bùduàn de tànsuǒ hé bùxiè de dòuzhēng. Dànshì dāngshí de zhōngguó shì shǒucì jìnxíng shèhuì zhǔyì gǎigé. Duìyú shèhuì zhǔyì jiànshè de sīxiǎng bìng méiyǒu zhǔnquè de bǎwò, duìyú shèhuì zhǔyì guīlǜ de rèn shì bùgòu zhǔnquè. Wǒmen bùguǎn shì cóng lǐlùn shàng háishì cóng shíjiàn shàng dū cúnzàizhe yīxiē wèntí, bìngqiě yǒu hěnduō guānyú shèhuì zhǔyì jiànshè de zhèngquè de sīxiǎng bìng méiyǒu dédào luòshí, dǎozhìle nèiluàn.

LAUNCH – PART 1 (发动)

1	文化大革命	Wénhuà dàgémìng	The Great Proletarian Cultural Revolution; the Great Cultural Revolution
2	中共中央	Zhōnggòng zhōngyāng	The Central Committee of the Communist Party of China
3	政治局	Zhèngzhì jú	The Political Bureau
4	扩大会议	Kuòdà huìyì	Enlarged meeting; enlarged session; enlarged conference
5	全会	Quánhuì	Plenary meeting; plenary session; plenum
6	依次	Yīcì	In proper order; successively; in proper sequence
7	无产阶级	Wúchǎn jiējí	The proletariat
8	大革命	Dàgémìng	Great revolution
9	领导机构	Lǐngdǎo jīgòu	Leading organ
10	改组	Gǎizǔ	Reorganize; reshuffle; reorganization
11	左倾	Zuǒqīng	Left-leaning; progressive; inclined towards the revolution; "Left" deviation
12	方针	Fāngzhēn	Policy; guiding principle; orientation
13	内乱	Nèiluàn	Civil strife; internal disorder
14	引发	Yǐnfā	Initiate; trigger; touch off; initiation

15	导火线	Dǎohuǒxiàn	Blasting fuse; powder train; train; common fuse
16	上海	Shànghǎi	Shanghai
17	发表	Fābiǎo	Publish; report; deliver; project
18	新编	Xīn biān	Newly organized
19	罢官	Bàguān	Dismiss from office
20	偷偷	Tōutōu	Stealthily; secretly; covertly; on the sly
21	策划	Cèhuà	Plan; plot; scheme; engineer
22	里面	Lǐmiàn	Inside; interior; inward
23	预谋	Yùmóu	Premeditate; deliberate; plan beforehand; plan in advance
24	点名	Diǎnmíng	Call the roll; keep track of one's attendance; make a roll call; mention somebody by name
25	批评	Pīpíng	Criticize; criticism
26	北京市	Běijīng shì	Beijing; Beijing city; Beijing municipality
27	副市长	Fù shì zhǎng	Deputy mayor; vice mayor
28	领导层	Lǐngdǎo céng	Leadership
29	转载	Zhuǎnzài	Reprint something that has been published elsewhere; reprint; transport; transfer
30	北京	Běijīng	Beijing
31	进水	Jìn shuǐ	(Of rain water, etc.) Come in; leak
32	独立王国	Dúlì wángguó	Barony; independent kingdom; realm
33	毛泽东	Máozédōng	Mao Zedong, the founder of the People's Republic of China
34	要害	Yàohài	Vital part; crucial point;

			vulnerability; strategic point
35	批判	Pīpàn	Criticize; repudiate; critique
36	月初	Yuèchū	The beginning of a month
37	中共中央政治局	Zhōnggòng zhōngyāng zhèngzhì jú	Political Bureau of the Central Committee of the Communist Party of China
38	二月	Èr yuè	February; Feb.; the second month of the lunar year
39	提纲	Tígāng	Outline; syllabus; synopsis
40	常委	Chángwěi	Member of the standing committee
41	武汉	Wǔhàn	Wuhan
42	毛主席	Máo zhǔxí	Chairman Mao; Mao Tse-tung
43	所有人	Suǒyǒu rén	Owner; proprietary; proprietor
44	文艺工作	Wényì gōngzuò	Work in the literary revolution
45	座谈会	Zuòtán huì	Forum; symposium; informal discussion; hot stove league
46	座谈	Zuòtán	Have an informal discussion
47	号召	Hàozhào	Call; appeal
48	坚决	Jiānjué	Firm; resolute; determined; resolved
49	战线	Zhànxiàn	Front; battle line; battlefront
50	矛头	Máotóu	Spearpoint; bunt; spearhead
51	指向	Zhǐxiàng	Directing; sensing; sense of orientation
52	文艺界	Wényì jiè	Literary and art circles
53	政府官员	Zhèngfǔ guānyuán	Government official; commissary
54	诬陷	Wúxiàn	Frame a case against; frame somebody up; make a false

			charge against somebody
55	罪名	Zuìmíng	Charge; accusation
56	包庇	Bāobì	Shield; harbor; cover up
57	坏人	Huàirén	Bad person; evildoer; scoundrel
58	左派	Zuǒpài	The Left; the left wing

Chinese (中文)

文化大革命全面动的标志是中共中央 1966 年 5 月召开的政治局扩大会议和 8 月召开的八届十一中全会。这两个会议依次通过了《中共中央通知》和中共中央《关于无产阶级文化大革命的决定》，其中也包括了对中央领导机构的改组，从而导致了左倾的方针占了主要的地位。从那之后就开始了十年内乱。

引发文化大革命的导火线是上海《文汇报》的发表，在这篇文章上，姚文元写了《评新编历史剧海瑞罢官》一篇文章，这篇文章其实是江青偷偷策划的，无论是里面的内容还是发表的时间，都是有预谋的。在这篇文章里面点名批评的北京市副市长，还有明史专家吴晗，其实在许多重大政策问题上，代表了很多中央领导层的不同意见。在这篇文章被发表之后，连续十天没有转载。北京是被批评说是真插不进水，泼不进的独立王国。毛泽东说海瑞罢官的要害问题是罢官。所以说让《海瑞罢官》的批判带上了更严重的政治色彩，从那之后，批判的范围就迅速变大了。1966 年的 2 月初，中共中央政治局委员兼北京市第一书记彭真，想要对学术批判中出现的左倾错误赵家约束，所以提出了二月提纲，这个提纲经过中央政治局常委讨论之后，并且向在武汉的毛主席汇报了之后，2 月 12 日转发给了全党上下所有人。与此同时，将亲得到了林彪的支持，在上海召开了部队文艺工作座谈会。这个座谈会号召我们要坚决进行一场文化战线上的社会主义大革命。其实这个事情的矛头不仅仅是指向文艺界，也指向了一些中央领导人。在《海瑞罢官》受到批判的同时，很多政府官员也被诬陷，或者是加上了其他各种罪名。到了 1966 年的 3 月底，中央宣传部和北京市委被指责是包庇坏人，压制左派，所以也被迫停止了工作。

Pinyin (拼音)

Wénhuà dàgémìng quánmiàn dòng de biāozhì shì zhōnggòng zhōngyāng 1966 nián 5 yuè zhàokāi de zhèngzhì jú kuòdà huìyì hé 8 yuè zhàokāi de bā jiè shíyī zhōng quánhuì. Zhè liǎng gè huìyì yīcì tōngguòle "zhōnggòng zhōngyāng tōngzhī" hé zhōnggòng zhōngyāng "guānyú wúchǎn jiējí wénhuà dàgémìng de juédìng", qízhōng yě bāokuòle duì zhōngyāng lǐngdǎo jīgòu de gǎizǔ, cóng'ér dǎozhìle zuǒqīng de fāngzhēn zhànle zhǔyào dì dìwèi. Cóng nà zhīhòu jiù kāishǐle shí nián nèiluàn.

Yǐnfā wénhuà dàgémìng de dǎohuǒxiàn shì shànghǎi "wénhuìbào" de fā biǎo, zài zhè piān wénzhāng shàng, yáowényuán xiěle "píng xīn biān lìshǐjù hǎi ruì bàguān" yī piān wénzhāng, zhè piān wénzhāng qíshí shì jiāngqīng tōutōu cèhuà de, wúlùn shì lǐmiàn de nèiróng háishì fābiǎo de shíjiān, dōu shì yǒu yùmóu de. Zài zhè piān wénzhāng lǐmiàn diǎnmíng pīpíng de běijīng shì fù shì zhǎng, hái yǒu míngshì zhuānjiā wúhàn, qíshí zài xǔduō chóng dà zhèngcè wèntí shàng, dàibiǎole hěnduō zhōngyāng lǐngdǎo céng de bùtóng yìjiàn. Zài zhè piān wénzhāng pī fà biǎo zhīhòu, liánxù shí tiān méiyǒu zhuǎnzài. Běijīng shì bèi pīpíng shuō shì zhēn chā bù jìn shuǐ, pō bù jìn de dúlì wángguó. Máozédōng shuō hǎi ruì bàguān de yāo hài wèntí shì bàguān. Suǒyǐ shuō ràng "hǎi ruì bàguān" de pīpàn dài shàngle gèng yánzhòng de zhèngzhì sècǎi, cóng nà zhīhòu, pīpàn de fànwéi jiù xùnsù biàn dàle.1966 Nián de 2 yuèchū, zhōnggòng zhōngyāng zhèngzhì jú wěiyuán jiān běijīng shì dì yī shūjì péng zhēn, xiǎng yào duì xuéshù pīpàn zhòng chūxiàn de zuǒqīng cuòwù zhào jiā yuēshù, suǒyǐ tíchūle èr yuè tígāng, zhège tígāng jīngguò zhōngyāng zhèngzhì jú chángwěi tǎolùn zhīhòu, bìngqiě xiàng zài wǔhàn de máo zhǔxí huì bào liǎo zhīhòu,2 yuè 12 rì zhuǎnfā gěile quán dǎng shàngxià suǒyǒu rén. Yǔ cǐ tóngshí, jiāng qīn dédàole línbiāo de zhīchí, zài shànghǎi zhàokāile bùduì wényì gōngzuò zuòtán huì. Zhège zuòtán huì hàozhào wǒmen yào jiānjué jìnxíng yī chǎng wénhuà zhànxiàn shàng de shèhuì zhǔyì dàgémìng. Qíshí zhège shìqíng de máotóu bùjǐn jǐn shì zhǐxiàng wényì jiè, yě zhǐxiàngle yīxiē zhōngyāng lǐngdǎo rén. Zài "hǎi ruì bàguān" shòudào pīpàn de tóngshí, hěnduō zhèngfǔ guānyuán yě bèi wúxiàn, huòzhě shì jiā shàngle qítā gè zhǒng zuìmíng. Dàole 1966 nián de 3 yuèdǐ, zhōngyāng xuānchuán bù hé běijīng shìwěi pī zhǐzé shì bāobì huàirén, yāzhì zuǒpài, suǒyǐ yě bèi pò tíngzhǐle gōngzuò.

LAUNCH – PART 2 (发动)

1	扩大会议	Kuòdà huìyì	Enlarged meeting; enlarged session; enlarged conference
2	在全国范围内	Zài quánguó fànwéi nèi	Nationwide
3	文化大革命	Wénhuà dàgémìng	The Great Proletarian Cultural Revolution; the Great Cultural Revolution
4	中国共产党中央委员会	Zhōngguó gòngchǎndǎng zhōngyāng wěiyuánhuì	The Central Committee of the Communist Party of China
5	混进	Hùn jìn	Infiltrate; sneak into; worm one's way into
6	李军	Lǐ jūn	Jun Li; Jason Lee; Jason J. Lee
7	资产阶级	Zīchǎn jiējí	The capitalist class; the bourgeoisie
8	反革命	Fǎngémìng	Counterrevolution; anti-revolution; counterrevolutionary
9	修正主义	Xiūzhèng zhǔyì	Revisionism
10	夺取政权	Duóqǔ zhèngquán	Secure power
11	无产阶级专政	Wúchǎn jiējí zhuān zhèng	Dictatorship of the proletariat; proletarian dictatorship
12	党中央	Dǎng zhōngyāng	The Party Central Committee; the central leading body of

			the Party
13	搅乱	Jiǎoluàn	Confuse; befuddle; throw into disorder; mess up
14	个人崇拜	Gèrén chóngbài	Cult of personality
15	紧接着	Jǐn jiēzhe	Immediately/right after
16	开始出现	Kāishǐ chūxiàn	Starting occurrence
17	邓小平	Dèng xiǎopíng	Deng Xiaoping (1904-1997), China's paramount leader
18	等人	Děng rén	The people of the same rank/grade; and others; wait for someone
19	立马	Lìmǎ	Pull up a horse
20	自己的	Zìjǐ de	Self
21	决断	Juéduàn	Make a decision; resolution; resolve; decisiveness
22	工作组	Gōngzuò zǔ	Working team; working-set
23	加剧	Jiājù	Aggravate; intensify; exacerbate
24	反派	Fǎnpài	Villain; negative character
25	对立	Duìlì	Oppose; set something Against
26	特别是	Tèbié shì	Particular; special
27	对待	Duìdài	Treat; approach; handle; be in a position related to or compared with another
28	文革	Wéngé	The Cultural Revolution
29	分歧	Fēnqí	Difference; divergence; bifurcation
30	越来越	Yuè lái yuè	More and more
31	立场	Lìchǎng	Position; stand; standpoint

32	无限维	Wúxiàn wéi	Infinite dimension
33	无产阶级	Wúchǎn jiējí	The proletariat
34	司令部	Sīlìng bù	Command; headquarters
35	大字报	Dàzì bào	Dazibao; Big character poster
36	重心	Zhòngxīn	Heart; core; focus; key point
37	改组	Gǎizǔ	Reorganize; reshuffle; reorganization
38	领导机构	Lǐngdǎo jīgòu	Leading organ
39	经过	Jīngguò	Pass; go through; go by
40	很长时间	Hěn cháng shíjiān	For a long time; for long; for ages
41	残酷	Cánkù	Cruel; brutal; inhuman; ruthless
42	斗争	Dòuzhēng	Struggle; fight; combat; accuse and denounce at a meeting
43	社会主义	Shèhuì zhǔyì	Socialism
44	初级	Chūjí	Elementary; primary; junior; initial
45	落后	Luòhòu	Fall behind; lag behind; backward
46	思想准备	Sīxiǎng zhǔnbèi	Mental preparation
47	在过去	Zài guòqù	In the past; in the old days; was
48	革命	Gémìng	Revolution; revolutionary
49	留下	Liú xià	Leave; keep; stay; remain
50	矛盾	Máodùn	Contradiction; contradict; contradictory; contradictious
51	照搬	Zhàobān	Indiscriminately imitate; copy
52	阶级斗争	Jiējí	Class conflict; class struggle

		dòuzhēng	
53	当做	Dàngzuò	Treat as; regard as; look upon as
54	发动	Fādòng	Start; launch; engine on; get started
55	群众性	Qúnzhòng xìng	Of a mass character
56	政治活动	Zhèngzhì huódòng	Political activity
57	理解	Lǐjiě	Understand; comprehend
58	马克思列宁主义	Mǎ kè sī lièníng zhǔyì	Marxism-Leninism
59	著作	Zhùzuò	Work; book; writings; opus
60	难免	Nánmiǎn	Hard to avoid; be booked for
61	有些	Yǒuxiē	Some
62	格式化	Géshì huà	Format; formatting
63	生硬	Shēngyìng	Rigid; stiff; arbitrary
64	某些	Mǒu xiē	Certain; a few; some
65	观点	Guāndiǎn	Point of view; viewpoint; standpoint; blush
66	误解	Wùjiě	Misread; misunderstand; misconstrue

Chinese (中文)

中央政治局召开了扩大会议，就是为了在全国范围内发动文化大革命。这个扩大会议在5月16日通过了《中国共产党中央委员会通知》，指出了混进党里政府李军对你和各种文化界的资产阶级代表人物，他们是反革命的修正主义分子，只要等到一定的时机，他们就会夺取政权，把无产阶级专政变成资产阶级专政。林彪在大会上大四散步，党中央内部有人要搞政变的谣言，搅乱了当时的局面，并且大肆鼓吹个人崇拜。在这个会议之后，文化大革命非常迅速的发展了起来。紧接着社会主义动乱也开始出现了。

在这个时候，党中央的领导刘少奇，邓小平等人也立马做出了自己的决断，派工作组到大中学协助领导运动，想要通过这种方式使当时的局面稳定下来。而这个工作也得到了大多数人们的支持，但是却加剧了和造反派的对立。

领导人们的意见也并不是统一的，特别是在如何对待运动的问题上，柳梢但是小平等领导人他们跟文革小组的分歧越来越严重。工作组被大家认为上实际是站在资产阶级的立场上，被无限维是反对无产阶级革命的，所以中央决定撤销工作组。在 8 月 1 日~12 日的时候，毛主席写了《炮打司令部--我的一张大字报》，将指责的重心放在了刘少奇，邓小平，并且改组了中央领导机构。文化大革命之所以能够在全国范围内发动起来，是因为我国的社会历史。因为我们党是经过了很长时间的非常残酷的斗争，才进入了社会主义的初级阶段。所以我们对于在一个经济文化落后的国家怎么去建设社会主义，没有充分的思想准备，也没有充分的科学认识。而在过去那么多年的革命战争年代，留下了非常丰富的革命战争经验，所以人们在应对社会主义阶段的矛盾的时候，非常容易照搬照用。把阶级斗争当做主要的任务，并且喜欢发动群众性政治活动。人们在理解马克思列宁主义的著作的时候，难免有些格式化，有些生硬，甚至在某些观点上还有一些误解。

Pinyin (拼音)

Zhōngyāng zhèngzhì jú zhàokāile kuòdàhuìyì, jiùshì wèile zài quánguó fànwéi nèi fādòng wénhuà dàgémìng. Zhège kuòdà huìyì zài 5 yuè 16 rì tōngguòle "zhōngguó gòngchǎndǎng zhōngyāng wěiyuánhuì tōngzhī", zhǐchūle hùn jìn dǎng lǐ zhèngfǔ lǐ jūn duì nǐ hé gè zhǒng wénhuà jiè de zīchǎn jiējí dàibiǎo rénwù, tāmen shì fǎngémìng de xiūzhèng zhǔyì fēnzǐ, zhǐyào děngdào yīdìng de shíjī, tāmen jiù huì duóqǔ zhèngquán, bǎ wúchǎn jiējí zhuānzhèngbiàn chéng zīchǎn jiējí zhuānzhèng. Línbiāo zài dà huì shàng dàsì sànbù, dǎng zhōngyāng nèibù yǒurén yào gǎo zhèng biàn de yáoyán, jiǎo luàn liǎo dàng shí de júmiàn, bìngqiě dà sì gǔchuī gèrén chóngbài. Zài zhège huìyì zhīhòu, wénhuà dàgémìng fēicháng xùnsù de fǎ zhǎn le qǐlái. Jǐn jiēzhe shèhuì zhǔyì dòngluàn yě kāishǐ chūxiànle.

Zài zhège shíhòu, dǎng zhōngyāng de lǐngdǎo liúshǎoqí, dèngxiǎopíng děng rén yě lìmǎ zuò chūle zìjǐ de juéduàn, pài gōngzuò zǔ dào dà zhōngxué xiézhù lǐngdǎo yùndòng, xiǎng yào tōngguò zhè zhǒng fāngshì shǐ dāngshí de júmiàn wěndìng xiàlái. Ér zhège gōngzuò yě dédàole dà duōshù rénmen de zhīchí, dànshì què jiājùle hé zàofǎn pài de duìlì.

Lǐngdǎo rénmen de yìjiàn yě bìng bùshì tǒngyī de, tèbié shì zài rúhé duìdài yùndòng de wèntí shàng, liú shāo dànshì xiǎopíng děng lǐngdǎo rén tāmen gēn wéngé xiǎozǔ de fēnqí yuè lái yuè yánzhòng. Gōngzuò zǔ bèi dàjiā rènwéi shàng shíjì shì zhàn zài zīchǎn jiējí de lìchǎng shàng, bèi wúxiàn wéi shì fǎnduì wúchǎn jiējí gémìng de, suǒyǐ zhōngyāng juédìng chèxiāo gōngzuò zǔ. Zài 8 yuè 1 rì ~12 rì de shíhòu, máo zhǔxí xiěle "pào dǎ sīlìng bù--wǒ de yī zhāng dàzì bào", jiāng zhǐzé de zhòngxīn fàng zàile liúshǎoqí, dèngxiǎopíng, bìngqiě gǎizǔle zhōngyāng lǐngdǎo jīgòu. Wénhuà dàgémìng zhī suǒyǐ nénggòu zài quánguó fànwéi nèi fādòng qǐlái, shì yīnwèi wǒguó de shèhuì lìshǐ. Yīnwèi wǒmen dǎng shì jīngguòle hěn cháng shíjiān de fēicháng cánkù de dòuzhēng, cái jìnrùle shèhuì zhǔyì de chūjí jiēduàn. Suǒyǐ wǒmen duìyú zài yīgè jīngjì wénhuà luòhòu de guójiā zěnme qù jiànshè shèhuì zhǔyì, méiyǒu chōngfèn de sīxiǎng zhǔnbèi, yě méiyǒu chōngfèn de kēxué rènshí. Ér zài guòqù nàme duōnián de gémìng zhànzhēng niándài, liú xiàle fēicháng fēngfù de gémìng zhànzhēng jīngyàn, suǒyǐ rénmen zài yìngduì shèhuì zhǔyì jiēduàn de máodùn de shíhòu, fēicháng róngyì zhàobān zhào yòng. Bǎ jiējí dòuzhēng dàngzuò zhǔyào de rènwù, bìngqiě xǐhuān fādòng qúnzhòng xìng zhèngzhì huódòng. Rénmen zài lǐjiě mǎkèsī lièníng zhǔyì de zhùzuò de shíhòu, nánmiǎn yǒuxiē géshì huà, yǒuxiē shēngyìng, shènzhì zài mǒu xiē guāndiǎn shàng hái yǒu yīxiē wùjiě.

PROCESS – PART 1 (经过)

1	落后	Luòhòu	Fall behind; lag behind; backward
2	思想准备	Sīxiǎng zhǔnbèi	Mental preparation
3	社会问题	Shèhuì wèntí	Social problem
4	照抄照搬	Zhàochāo zhàobān	Copy something by rote; copy blindly; copy mechanically; imitate word by word
5	有一些	Yǒu yīxiē	Some; rather
6	理想化	Lǐxiǎng huà	Idealize; idealization
7	阶级斗争	Jiējí dòuzhēng	Class conflict; class struggle
8	理直气壮	Lǐzhí qìzhuàng	Be in the right and self-confident
9	保卫	Bǎowèi	Defend; guard; safeguard
10	马克思主义	Mǎkèsī zhǔyì	Marxism
11	神圣	Shénshèng	Sacred; holy
12	十一	Shíyī	Eleven
13	全会	Quánhuì	Plenary meeting; plenary session; plenum
14	红卫兵运动	Hóng wèibīng yùndòng	Infrared photography
15	快速发展	Kuàisù fāzhǎn	Rapid growth; develop rapidly; rapid expansion
16	破除	Pòchú	Do away with; get rid of; abolish; eradicate
17	旧思想	Jiù sīxiǎng	Old-fashioned ideas; archaic thinking
18	风俗	Fēngsú	Custom

19	抄家	Chāojiā	Search somebody's house and confiscate his property
20	打人	Dǎ rén	Beat/hit somebody
21	野蛮	Yěmán	Uncivilized; uncultivated; savage; barbarous
22	行径	Xíngjìng	Act; action; move; conduct
23	典籍	Diǎnjí	Ancient codes and records; ancient books and records
24	销毁	Xiāohuǐ	Destroy by melting or burning
25	知识分子	Zhīshì fēnzǐ	Intellectual; the intelligentsia; professional
26	批斗	Pīdòu	Criticize and struggle; criticize and denounce somebody
27	社会秩序	Shèhuì zhìxù	Social order
28	水深火热	Shuǐshēn huǒrè	The water is deep and the fire is hot
29	资产阶级	Zīchǎn jiējí	The capitalist class; the bourgeoisie
30	领导干部	Lǐngdǎo gànbù	Leading cadre
31	混乱不堪	Hǔnluàn bùkān	Utter disorder prevails; in utter disorder
32	打倒	Dǎdǎo	Overthrow; down with; strike down
33	内乱	Nèiluàn	Civil strife; internal disorder
34	特别是	Tèbié shì	Particular; special
35	老一辈	Lǎo yī bèi	Older generation
36	革命家	Gémìng jiā	Revolutionary; revolutionist
37	诬陷	Wúxiàn	Frame a case against; frame somebody up; make a false charge against somebody
38	二月	Èr yuè	February; Feb.; the second month of the lunar year

39	逆流	Nìliú	Anarrhea; backset; backwash; contra-flow
40	严厉	Yánlì	Stern; severe
41	火烧	Huǒshāo	Burn; baked wheaten cake
42	受害	Shòuhài	Suffer injury; fall victim; be affected; be afflicted
43	毛泽东	Máozédōng	Mao Zedong, the founder of the People's Republic of China
44	大连	Dàlián	A major city in Liaoning
45	根本上	Gēnběn shàng	Fundamentally; basically; radically
46	解决问题	Jiějué wèntí	Solve a problem; settle a dispute
47	在一定程度上	Zài yīdìng chéngdù shàng	To a certain degree; to a certain extent; partly
48	逐出	Zhú chū	Drive out; expel; eject; kick out
49	文化大革命	Wénhuà dàgémìng	The Great Proletarian Cultural Revolution; the Great Cultural Revolution
50	冤案	Yuān'àn	Unjust case; injustices
51	个人崇拜	Gèrén chóngbài	Cult of personality
52	鼓吹	Gǔchuī	Advocate; preach; advertise; play up
53	偏颇	Piānpǒ	Biased; partial
54	功勋	Gōngxūn	Exploit; meritorious service; feats; outstandingly meritorious deed
55	排斥在外	Páichì zàiwài	Exclusion
56	天下大治	Tiānxià dàzhì	Great order throughout the land; a vast orderly community; in good order; well governed

57	设想	Shèxiǎng	Imagine; envisage; conceive; assume
58	反而	Fǎn'ér	On the contrary; instead; but
59	党内	Dǎng nèi	Within the party; inside the party; inner-party
60	社会矛盾	Shèhuì máodùn	Social contradictions
61	越来越	Yuè lái yuè	More and more
62	原形毕露	Yuánxíng bìlù	Show oneself in one's true colors; be revealed in one's true colors; be seen for what it is; betray oneself
63	铤而走险	Dìng'ér zǒuxiǎn	Rush into danger; become reckless in desperation, like an animal at bay; make a reckless move; neck or nothing
64	反革命	Fǎngémìng	Counterrevolution; anti-revolution; counterrevolutionary
65	周恩来	Zhōu'ēnlái	Zhou En Lao(1898-1976) first premier of the PRC
66	他们的	Tāmen de	Their; theirs
67	平反	Píngfǎn	Redress; rehabilitate
68	反动派	Fǎndòngpài	Reactionaries
69	惩治	Chéngzhì	Punish; mete out punishment to
70		Luòhòu	

Chinese (中文)

当时的中国是一个经济文化落后的国家，想要建设社会主义，其实还是缺乏思想准备和科学认识，所以在处理很多社会问题的时候，容易照抄照搬，也有一些理想化，所以将阶级斗争扩大了，是有这种想法的人则理直气壮的。来保卫马克思主义，并将它作为最神圣的事业。第八届十一中全会之后，红卫兵运动就快速发展起来。最初的时候是以破除四旧为目标，

是旧的，是旧思想，旧文化，旧风俗和旧习惯。最后的结果却演变成抄家，打人和砸东西，这种野蛮的行径将许多优秀的文化典籍都销毁了很多的知识分子，干部都受到了批斗，破坏了原有的社会秩序和民主法治，使人们生活在了水深火热之中。全国上下掀起了资产阶级反动路线的风暴，也将矛头指向了刘少奇，邓小平等人。中央和地方许多领导干部都受到了批斗，政治局面混乱不堪，很快便发展成了"打倒一切"的全面内乱。

特别是在1967年老一辈革命家中爆发的2月抗争，老一辈的人反对江青鼓吹军队和地方也要搞运动的主张，结果被诬陷为"二月逆流"，最终得到了严厉的批判，还有就是在北京发生了火烧英国办处等严重的受害事件，毛泽东为了应对这种混乱的局面，不得不召开了会议，进行大连和正确对待干部。虽然没有从根本上解决问题，但是还是在一定程度上缓解了这种混乱的局面。不过刘少奇被诬陷，被逐出党，这还是文化大革命中最大的一起冤案。九次全国代表大会举行后，全国上下还是笼罩着一种个人崇拜氛围，特别是林彪，他作为发言人，极力鼓吹自己偏颇的理论，并且还得到了大部分人的支持，将很多功勋卓越的革命家排斥在外。

求他之后执行了全国上下的大批斗，毛泽东也试图用斗批改的办法达到天下大治的设想，但其实这反而将党内的矛盾和社会矛盾严重了。而后林彪集团越来越膨胀，最终原形毕露，他们决定铤而走险，策划了反革命运动，幸好周恩来粉碎了他们的阴谋。也在毛泽东的带领之下为二月逆流平反，将反动派惩治。

Pinyin (拼音)

Dāngshí de zhōngguó shì yīgè jīngjì wénhuà luòhòu de guójiā, xiǎng yào jiànshè shèhuì zhǔyì, qíshí háishì quēfá sīxiǎng zhǔnbèi hé kēxué rènshí, suǒyǐ zài chǔlǐ hěnduō shèhuì wèntí de shíhòu, róngyì zhàochāo zhàobān, yěyǒu yīxiē lǐxiǎng huà, suǒyǐ jiāng jiējí dòuzhēng kuòdàle, shì yǒu zhè zhǒng xiǎngfǎ de rén zé lìzhíqìzhuàng de. Lái bǎowèi mǎkèsī zhǔyì, bìng jiāng tā zuòwéi zuì shénshèng de shìyè. Dì bā jiè shíyī zhōng quánhuì zhīhòu, hóng wèibīng yùndòng jiù kuàisù fāzhǎn qǐlái. Zuìchū de shíhòu shì yǐ pòchú sì jiù wèi mùbiāo,

shì jiù de, shì jiù sīxiǎng, jiù wénhuà, jiù fēngsú hé jiù xíguàn. Zuìhòu de jiéguǒ què yǎnbiàn chéng chāojiā, dǎ rén hé zá dōngxī, zhè zhǒng yěmán de xíngjìng jiāng xǔduō yōuxiù de wénhuà diǎnjí dōu xiāohuǐle hěnduō de zhīshì fēnzǐ, gànbù dōu shòudàole pīdòu, pòhuàile yuán yǒu de shèhuì zhìxù hé mínzhǔ fǎzhì, shǐ rénmen shēnghuó zàile shuǐshēnhuǒrè zhī zhōng. Quánguó shàngxià xiānqǐle zīchǎn jiējí fǎndòng lùxiàn de fēngbào, yě jiāng máotóu zhǐxiàngle liúshǎoqí, dèngxiǎopíng děng rén. Zhōngyāng hé dìfāng xǔduō lǐngdǎo gànbù dōu shòudàole pīdòu, zhèngzhì júmiàn hǔnluàn bùkān, hěn kuài biàn fāzhǎn chéngle "dǎdǎo yīqiè" de quánmiàn nèiluàn.

Tèbié shì zài 1967 nián lǎo yī bèi gémìngjiā zhōng bàofā de 2 yuè kàngzhēng, lǎo yī bèi de rén fǎnduì jiāngqīng gǔchuī jūnduì hé dìfāng yě yào gǎo yùndòng de zhǔzhāng, jiéguǒ bèi wúxiàn wèi "èr yuè nìliú", zuìzhōng dédàole yánlì de pīpàn, hái yǒu jiùshì zài běijīng fāshēngle huǒshāo yīngguó bàn chù děng yánzhòng de shòuhài shìjiàn, máozédōng wèile yìngduì zhè zhǒng hǔnluàn de júmiàn, bùdé bù zhàokāile huìyì, jìnxíng dàlián hé zhèngquè duìdài gànbù. Suīrán méiyǒu cóng gēnběn shàng jiějué wèntí, dànshì háishì zài yīdìng chéngdù shàng huǎnjiěle zhè zhǒng hǔnluàn de júmiàn. Bùguò liúshǎoqí bèi wúxiàn, bèi zhú chū dǎng, zhè háishì wénhuà dàgémìng zhòng zuìdà de yīqǐ yuān'àn. Jiǔ cì quánguó dàibiǎo dàhuì jǔxíng hòu, quánguó shàngxià háishì lóngzhàozhe yī zhǒng gèrén chóngbài fēnwéi, tèbié shì línbiāo, tā zuòwéi fāyán rén, jílì gǔchuī zìjǐ piānpǒ de lǐlùn, bìngqiě hái dédàole dà bùfèn rén de zhīchí, jiāng hěnduō gōngxūn zhuóyuè de gémìngjiā páichì zàiwài.

Qiú tā zhīhòu zhíxíngle quánguó shàngxià de dà pīdòu, máozédōng yě shìtú yòng dòu pīgǎi de bànfǎ dádào tiānxià dàzhì de shèxiǎng, dàn qíshí zhè fǎn'ér jiāng dǎng nèi de máodùn hé shèhuì máodùn yánzhòngle. Érhòu línbiāo jítuán yuè lái yuè péngzhàng, zuìzhōng yuánxíng bìlù, tāmen juédìng dìng'érzǒuxiǎn, cèhuàle fǎngémìng yùndòng, xìnghǎo zhōu'ēnlái fěnsuìle tāmen de yīnmóu. Yě zài máozédōng de dàilǐng zhī xià wéi èr yuè nìliú píngfǎn, jiāng fǎndòngpài chéngzhì.

PROCESS – PART 2 (经过)

1	批判	Pīpàn	Criticize; repudiate; critique
2	诬陷	Wúxiàn	Frame a case against; frame somebody up; make a false charge against somebody
3	自己的	Zìjǐ de	Self
4	岗位	Gǎngwèi	Post; station
5	整顿	Zhěngdùn	Rectify; consolidate; reorganize; readjust
6	规章制度	Guīzhāng zhìdù	Regulatory framework; rules and regulations
7	极右	Jí yòu	Ultra-Right
8	纠正	Jiūzhèng	Correct; put right; redress; rectify
9	被迫	Bèi pò	Be compelled; be forced; be constrained; be coerced
10	结成	Jié chéng	Form; enter into
11	四人帮	Sìrénbāng	Gang of Four (i.e. 王洪文 Wang Hongwen, 江青 Jiang Qing, 张春桥 Zhang Chunqiao, and 姚文元 Yao Wenyuan)
12	势力	Shìlì	Force; power; influence
13	文化大革命	Wénhuà dàgémìng	The Great Proletarian Cultural Revolution
14	越来越	Yuè lái yuè	More and more
15	经济发展	Jīngjì fāzhǎn	Economic development
16	党内斗争	Dǎng nèi dòuzhēng	Inner-party struggle
17	批林批孔	Pī lín pī kǒng	Criticize Lin Biao and Confucius

18	也就是	Yě jiùshì	Namely; i.e.; that is
19	孔孟之道	Kǒngmèng zhīdào	The doctrine of Confucius and Mencius
20	古人	Gǔrén	The ancients; our forefathers
21	法典	Fǎdiǎn	Code; statute book
22	老一辈	Lǎo yī bèi	Older generation
23	革命家	Gémìngjiā	Revolutionary; revolutionist
24	社会秩序	Shèhuì zhìxù	Social order
25	安定团结	Āndìng tuánjié	Stability and unity
26	一方面	Yī fāngmiàn	One side; for one thing..., for another; on the one hand..., on the other hand
27	破坏行为	Pòhuài xíngwéi	Destroy behavior
28	另一方面	Lìng yī fāngmiàn	On the other hand; the other side of the shield
29	篡夺	Cuànduó	Usurp; seize
30	意识到	Yìshí dào	Realize; be conscious/aware of
31	严重性	Yán chóng xìng	Seriousness; gravity
32	严厉批评	Yánlì pīpíng	Batter; criticize severely; maul; flay
33	全国人大	Quánguó réndà	National people's congress (NPC)
34	厌恶	Yànwù	Detest; abhor; abominate; be disgusted with
35	篡权	Cuànquán	Usurp power
36	反革命	Fǎngémìng	Counterrevolution; anti-revolution; counterrevolutionary
37	党内	Dǎng nèi	Within the party; inside the party;

			inner-party
38	反革命集团	Fǎngémìng jítuán	Counterrevolutionary clique; counterrevolutionary gang
39	危难	Wéinàn	Danger and disaster; calamity
40	大革命	Dàgémìng	Great revolution
41	各族人民	Gè zú rénmín	People of all nationalities
42	长时间	Cháng shíjiān	Long
43	严重影响	Yán chóng yǐngxiǎng	Great influence
44	惨痛	Cǎntòng	Deeply grieved; painful; agonizing; bitter
45	教训	Jiàoxùn	Lesson; moral
46	不断地	Bùduàn de	End-to-end; steadily; together
47	往后	Wǎng hòu	From now on; later on; in the future; backward
48	谨慎	Jǐnshèn	Prudent; careful; cautious; circumspect

Chinese (中文)

最后在周恩来的帮助之下，批判了左倾思想，将之前被诬陷的领导重新恢复自己的领导岗位，将原来工作上受到的一些破坏进行修改，整顿，恢复各种规章制度。但是毛主席仍然觉得要批判极右的思想，周恩来所做的纠正左的努力被迫中断。为了解决林彪等人的错误，提前召开了十大，十大继续了了左倾错误，使得江青，张春桥，姚文元，王洪文在中央政治局内结成的四人帮，江青集团的势力更加的强大了。因为文化大革命的长期持续还有不断反复，使得人们对接连不断的政治运动越来越厌倦，他们希望社会安定，经济发展，但是在这个时候，党内斗争更加的激烈了。毛泽东展开了批林批孔的运动，也就是批判林彪批判儒家，因为之前林彪总是非常推崇孔孟之道，并且借古人的法典进行自己的变革。而四人帮正是利用批林批孔将矛头指向周恩来等老一辈的革命家，造成了局部的混乱，社会秩序再度混乱。就是在这一年的后半年，毛泽东终于决定还是先安定团结，发展经济，一方面一直的四人帮的破坏行为，另一方面也为了恢复中国的经济。但是四人帮还是为了篡夺更多的权利，不断的全力，理性的毛主席终于意识到了问题的严重性，严厉批评了四人帮，然后进行了全面整顿。四届全国人大确定了以周恩来，邓小平为核心的国务院领导人员，终于摆脱了左倾的错误思想。在文化大革命进入第十年的时候，广大人民对四人帮充满了厌恶，期间周恩来总理去世，四人帮依然只想着篡权夺位，不断策划反革命运动。最终党内进行严格的隔离审查，彻底粉碎了江青反革命集团，从危难中拯救了中国的社会主义事业，结束了文化大革命这场灾难。

在文化大革命的这十年，使党，国家和各族人民经历了长时间的混乱，严重影响了我国经济文化的发展，但是这也是我国极其惨痛的一个教训，它会不断地激励我们在往后的道路上走的更加的坚定和谨慎。

Pinyin (拼音)

Zuìhòu zài zhōu'ēnlái de bāngzhù zhī xià, pīpànle zuǒqīng sīxiǎng, jiāng zhīqián bèi wúxiàn de lǐngdǎo chóngxīn huīfù zìjǐ de lǐngdǎo gǎngwèi, jiāng yuánlái gōngzuò shàng shòudào de yīxiē pòhuài jìnxíng xiūgǎi, zhěngdùn, huīfù gè zhǒng guīzhāng zhìdù. Dànshì máo zhǔxí réngrán juédé yào pīpàn jí yòu de sīxiǎng, zhōu'ēnlái suǒ zuò de jiūzhèng zuò de nǔlì bèi pò zhōngduàn. Wèi liǎo jiějué línbiāo děng rén de cuòwù, tíqián zhàokāile shí dà, shí dà jìxùliǎoliǎo zuǒqīng cuòwù, shǐdé jiāngqīng, zhāngchūnqiáo, yáowényuán, wánghóngwén zài zhōngyāng zhèngzhì júnèi jié chéng de sìrénbāng, jiāngqīng jítuán de shìlì gēng jiā de qiángdàle. Yīnwèi wénhuà dàgémìng de cháng qī chíxù hái yǒu bùduàn fǎnfù, shǐdé rénmen duì jiēlián bùduàn de zhèngzhì yùndòng yuè lái yuè yànjuàn, tāmen xīwàng shèhuì āndìng, jīngjì fāzhǎn, dànshì zài zhège shíhòu, dǎng nèi dòuzhēng gèngjiā de jīlièle. Máozédōng zhǎnkāile pī lín pī kǒng de yùndòng, yě jiùshì pīpàn línbiāo pīpàn rújiā, yīn wéi zhīqián línbiāo zǒng shì fēicháng tuīchóng kǒngmèngzhīdào, bìngqiě jiè gǔrén de fǎdiǎn jìnxíng zìjǐ de biàngé. Ér sìrénbāng zhèng shì lìyòng pī lín pī kǒng jiāng máotóu zhǐxiàng zhōu'ēnlái děng lǎo yī bèi de gémìngjiā, zào chéng liǎo júbù de hǔnluàn, shèhuì zhìxù zàidù hǔnluàn. Jiùshì zài zhè yī nián de hòu bànnián, máozédōng zhōngyú juédìng háishì xiān āndìng tuánjié, fāzhǎn jīngjì, yī fāngmiàn yīzhí de sìrénbāng de pòhuài xíngwéi, lìng yī fāngmiàn yě wèile huīfù zhōngguó de jīngjì. Dànshì sìrénbāng háishì wèile cuànduó gèng duō de quánlì, bùduàn de quánlì, lǐxìng de máo zhǔxí zhōngyú yìshí dàole wèntí de yán chóng xìng, yánlì pīpíngle sìrénbāng, ránhòu jìnxíngle quánmiàn zhěngdùn. Sì jiè quánguó réndà quèdìngle yǐ zhōu'ēnlái, dèngxiǎopíng wèi héxīn de guówùyuàn lǐngdǎo rényuán, zhōngyú bǎituōle zuǒqīng de cuòwù sīxiǎng. Zài wénhuà dàgémìng jìnrù dì shí nián de shíhòu, guǎngdà rénmíng duì sìrénbāng chōngmǎnle yànwù, qíjiān zhōu'ēnlái zǒnglǐ qùshì, sìrénbāng yīrán zhǐ xiǎngzhe cuànquán duó wèi, bùduàn cèhuà fǎngémìng yùndòng. Zuìzhōng dǎng nèi jìnxíng yángé de gélí shěnchá, chèdǐ fěnsuìle jiāngqīng fǎngémìng jítuán, cóng wéinàn zhōng zhěngjiùle zhōngguó de shèhuì zhǔyì shìyè, jiéshùle wénhuà dàgémìng zhè chǎng zāinàn.

Zài wénhuà dàgémìng de zhè shí nián, shǐ dǎng, guójiā hé gè zú rénmín jīnglìle cháng shíjiān de hǔnluàn, yán chóng yǐngxiǎngle wǒguó jīngjì wénhuà de fǎ zhǎn, dànshì zhè yěshì wǒguó jíqí cǎntòng de yīgè jiàoxùn, tā huì bùduàn de jīlì wǒmen zài wǎng hòu de dàolù shàng zǒu de gèngjiā de jiāndìng hé jǐnshèn.

INFLUENCE (影响)

1	文化大革命	Wénhuà dàgémìng	The Great Proletarian Cultural Revolution; the Great Cultural Revolution
2	各族人民	Gè zú rénmín	People of all nationalities
3	新中国成立以来	Xīn zhōngguó chénglì yǐlái	By New China is founded
4	绝无仅有	Juéwújǐnyǒu	One and the only one; Not one like... Can be found in ten thousand; the only one of its kind -- unique
5	挫折	Cuòzhé	Setback; reverse; frustration; frustrate
6	党组织	Dǎng zǔzhī	Party organization
7	国家政权	Guójiā zhèngquán	State political power; state power
8	诬陷	Wúxiàn	Frame a case against; frame somebody up; make a false charge against somebody
9	迫害	Pòhài	Persecute; oppress cruelly
10	文革	Wéngé	The Cultural Revolution
11	践踏	Jiàntà	Tread on; trample underfoot; trample on; make havoc of
12	政治危机	Zhèngzhì wéijī	Political crisis
13	社会进步	Shèhuì jìnbù	Social progress; social cause; Improving society; progressive societies
14	发动	Fādòng	Start; launch; engine on; get started
15	反革命集	Fǎngémìng	Counterrevolutionary clique;

	团	jítuán	counterrevolutionary gang
16	内乱	Nèiluàn	Civil strife; internal disorder
17	惨痛	Cǎntòng	Deeply grieved; painful; agonizing; bitter
18	教训	Jiàoxùn	Lesson; moral
19	停下来	Tíng xiàlái	Stop; call to a halt; come to a halt; come to a stand
20	解放军	Jiěfàngjūn	Liberation army
21	知识分子	Zhīshì fēnzǐ	Intellectual; the intelligentsia; professional; professional men and women
22	各级	Gè jí	All or different levels
23	大革命	Dàgémìng	Great revolution
24	在很大程度上	Zài hěn dà chéngdù shàng	For the greater part
25	当时	Dāngshí	Then; at that time; just at that moment; right away; at once; immediately
26	社会主义建设	Shèhuì zhǔyì jiànshè	Socialist construction
27	大方向	Dà fāngxiàng	General orientation
28	我们的	Wǒmen de	Ours
29	社会主义	Shèhuì zhǔyì	Socialism
30	中国共产党	Zhōngguó gòngchǎndǎng	The Communist Party of China
31	依靠自己	Yīkào zìjǐ	Depend on Yourself; self-reliance; by oneself
32	纠正	Jiūzhèng	Correct; put right; redress; rectify
33	自己的	Zìjǐ de	Self
34	再一次	Zài yīcì	Once again; resume

35	共产党	Gòngchǎndǎng	The Communist Party
36	政党	Zhèngdǎng	Political party
37	社会主义制度	Shèhuì zhǔyì zhìdù	Socialist system
38	生命力	Shēngmìnglì	Vitality
39	一面	Yīmiàn	One side
40	镜子	Jìngzi	Mirror; looking glass; glasses; spectacles
41	想象到	Xiǎngxiàng dào	Have visions of
42	暴露	Bàolù	Expose; reveal; bare; lay bare
43	不行	Bùxíng	Be not allowed; won't do; be out of the question
44	社会政策	Shèhuì zhèngcè	Social policy
45	不仅仅	Bùjǐn jǐn	More than; Not only; not just
46	失败	Shībài	Be defeated; lose; fail; come to nothing
47	有一些	Yǒu yīxiē	Some; rather
48	非常好	Fēicháng hǎo	Very good; excellent; very well
49	带领	Dàilǐng	Lead; head; guide
50	艰苦	Jiānkǔ	Arduous; difficult; hard; tough
51	社会主义革命	Shèhuì zhǔyì gémìng	Socialist revolution
52	独创性	Dúchuàng xìng	Originality
53	比如说	Bǐrú shuō	For example; For example; say; For instance
54	历史上	Lìshǐ shàng	Historically; in history
55	国民经济	Guómín jīngjì	National economy
56	两弹一星	Liǎng dàn yì xīng	Atom bombs, hydrogen bombs and man-made satellites

57	国家主权	Guójiā zhǔquán	Sovereignty; national sovereignty; state sovereignty
58	捍卫	Hànwèi	Defend; guard; protect
59	世界上	Shìjiè shàng	On earth
60	而今	Érjīn	Now; at the present time
61	社会主义道路	Shèhuì zhǔyì dàolù	Socialist road
62	生产力	Shēngchǎnlì	Productivity; productive forces; forces of production
63	分成	Fēnchéng	Divide into; separate into
64	前所未有	Qiánsuǒ wèiyǒu	Hitherto unknown; such as never previously existed
65	开创	Kāichuàng	Start; initiate; found; set up
66	中国特色社会主义	Zhōngguó tèsè shèhuì zhǔyì	Socialism with Chinese characteristics

Chinese (中文)

在文化大革命的这十年，党和国家以及各族人民遭受到了新中国成立以来绝无仅有的挫折，这是一个时间最长，范围最广，损失最大的挫折。在这个过程中，党组织和国家政权得到了很大的削弱大批的干部和群众被诬陷迫害。民主和法治也被文革所践踏，全国上下不仅陷入了严重的政治危机，还陷入了严重的社会危机。所以说文化大革命并没有使革命和社会进步，他其实是领导者错误发动的，然后被反革命集团给利用了。所以给中国还有各族人民带来了严重的内乱。是我们建设新中国极其惨痛的教训。

在文化大革命的这十年，党和国家对左的错误斗争从来都没有停下来。就是因为全党和广大工人，农民，解放军知识分子以及各级干部的体制和斗争，所以说是文化大革命没有进一步发展下去，在很大程度上受到了很多的限制。所以我们当时的社会主义建设的大方向没有变。我们的社会主义性质也没有改变。我怕大革命是中国人民所犯下的一个严重的挫折，但是中国共产党也是依靠自己的力量。最终还是纠正了这个严重的错误，我们用自己的努力再一次的证明了中国人民是最伟大的人民，中国共产党的也有自己的能力，可以去建设新中国去发展社会主义。我们的中国共产党也是最先进的政党，我们的社会主义制度也是具有非常强大的生命力。文化大革命就像一面镜子，他以我们从来都没有想象到的一种形式暴露出了当时党和国家在体制工作以及政政治经济方面存在的严重缺陷。正是由于文化大革命这个严重的教训使我们知道不改革不行，不制定新的政治经济文化社会政策也是不行的。

在新中国成立，到文化大革命结束，我们党和国家不仅仅全部都是失败的，我们仍然有一些做的非常好的地方，我们党带领全国人民艰苦的探索了社会主义革命和建设道路的历史时期。虽然经历了严重的失败，但是也取得了独创性的成果，就比如说在中国历史上从来都没有进行过社会主义建设，而文化大革命期间我们的社会也是发生了翻天覆地的变化，不仅接你起了独立的并且比较完整的工业体系，拥有了自己的国民经济。还独立研发出两弹一星。维护了国家主权和安全，捍卫了国家的领土，成为了世界上有重要影响的大国。相比起之前我们的社会生产力水平非常落后，而今我们探索出了符合中国国情的社会主义道路，逐渐形成了一些非常好的政治策略。我们一直在努力探寻着符合中国国情的社会主义。我们通过自己的科学时间明白了，发展生产力才是我们的根本任务。我们将社会主义现代化建设分成两步，我们这些成果都是前所未有的，独创性的，因为之后开创中国特色社会主义提供了非常宝贵的经验。

Pinyin (拼音)

Zài wénhuà dàgémìng de zhè shí nián, dǎng hé guójiā yǐjí gè zú rénmín zāoshòu dàole xīn zhōngguó chénglì yǐlái juéwújǐnyǒu de cuòzhé, zhè shì yīgè shíjiān zuì zhǎng, fànwéi zuì guǎng, sǔnshī zuìdà de cuòzhé. Zài zhège guòchéng zhōng, dǎng zǔzhī hé guójiā zhèngquán dédàole hěn dà de xuēruò dàpī de gànbù hé qúnzhòng bèi wúxiàn pòhài. Mínzhǔ hé fǎzhì yě bèi wéngé suǒ jiàntà, quánguó shàngxià bùjǐn xiànrùle yánzhòng de zhèngzhì wéijī, hái xiànrùle yánzhòng de shèhuì wéijī. Suǒyǐ shuō wénhuà dàgémìng bìng méiyǒu shǐ gémìng hé shèhuì jìnbù, tā qíshí shì lǐngdǎo zhě cuòwù fādòng de, ránhòu bèi fǎngémìng jítuán gěi lìyòngle. Suǒyǐ gěi zhōngguó hái yǒu gè zú rénmín dài láile yánzhòng de nèiluàn. Shì wǒmen jiànshè xīn zhōngguó jíqí cǎntòng de jiàoxùn.

Zài wénhuà dàgémìng de zhè shí nián, dǎng hé guójiā duì zuǒ de cuòwù dòuzhēng cónglái dōu méiyǒu tíng xiàlái. Jiùshì yīnwèi quán dǎng hé guǎngdà gōngrén, nóngmín, jiěfàngjūn zhīshì fēnzǐ yǐjí gè jí gànbù de tǐzhì hé dòuzhēng, suǒyǐ shuō shì wénhuà dàgémìng méiyǒu jìnyībù fāzhǎn xiàqù, zài hěn dà chéngdù shàng shòudàole hěnduō de xiànzhì. Suǒyǐ wǒmen dāngshí de shèhuì zhǔyì jiànshè de dà fāngxiàng méiyǒu biàn. Wǒmen de shèhuì zhǔyì xìngzhì yě méiyǒu gǎibiàn. Wǒ pà dàgémìng shì zhōngguó rénmín suǒ fàn xià de yīgè yánzhòng de cuòzhé, dànshì zhōngguó gòngchǎndǎng yěshì yīkào zìjǐ de lìliàng. Zuìzhōng háishì jiūzhèngle zhège yánzhòng de cuòwù, wǒmen yòng zìjǐ de nǔlì zài yīcì de zhèngmíngliǎo zhōngguó rénmín shì zuì wěidà de rénmín, zhōngguó gòngchǎndǎng de yěyǒu zìjǐ de nénglì, kěyǐ qù jiànshè xīn zhōngguó qù fāzhǎn shèhuì zhǔyì. Wǒmen de zhōngguó gòngchǎndǎng yěshì zuì xiānjìn de zhèngdǎng, wǒmen de shèhuì zhǔyì zhìdù yěshì jùyǒu fēicháng qiángdà de shēngmìnglì. Wénhuà dàgémìng jiù xiàng yīmiàn jìngzi, tā yǐ wǒmen cónglái dōu méiyǒu xiǎngxiàng dào de yī zhǒng xíngshì bàolù chū liǎo dàng shí dǎng hé guójiā zài tǐzhì gōngzuò yǐjí zhèng zhèngzhì jīngjì fāngmiàn cúnzài de yánzhòng quēxiàn. Zhèng shì yóuyú wénhuà dàgémìng zhège yánzhòng de jiàoxùn shǐ wǒmen zhīdào bù gǎigé bùxíng, bù zhìdìng xīn de zhèngzhì jīngjì wénhuà shèhuì zhèngcè yěshì bùxíng de.

Zài xīn zhōngguó chénglì, dào wénhuà dàgémìng jiéshù, wǒmen dǎng hé guójiā bùjǐn jǐn quánbù dōu shì shībài de, wǒmen réngrán yǒu yīxiē zuò de fēicháng hǎo dì dìfāng, wǒmen dǎng dàilǐng quánguó rénmín jiānkǔ de tànsuǒle shèhuì zhǔyì gémìng hé jiànshè dàolù de lìshǐ shíqí. Suīrán jīnglìle yánzhòng de shībài, dànshì yě qǔdéle dúchuàng xìng de chéngguǒ, jiù bǐrú shuō zài zhōngguó lìshǐ shàng cónglái dōu méiyǒu jìnxíngguò shèhuì zhǔyì jiànshè, ér wénhuà dàgémìng qíjiān wǒmen de shèhuì yěshì fāshēngle fāntiānfùdì de biànhuà, bùjǐn jiē nǐ qǐle dúlì de bìngqiě bǐjiào wánzhěng de gōngyè tǐxì, yǒngyǒule zìjǐ de guómín jīngjì. Hái dúlì yánfā chū liǎng dàn yì xīng. Wéihùle guójiā zhǔquán hé ānquán, hànwèile guójiā de lǐngtǔ, chéngwéile shìjiè shàng yǒu zhòngyào yǐngxiǎng de dàguó. Xiāng bǐ qǐ zhīqián wǒmen de shèhuì shēngchǎnlì shuǐpíng fēicháng luòhòu, érjīn wǒmen tànsuǒ chūle fúhé zhōngguó guóqíng de shèhuì zhǔyì dàolù, zhújiàn xíngchéngle yīxiē fēicháng hǎo de zhèngzhì cèluè. Wǒmen yīzhí zài nǔlì tànxúnzhe fúhé zhōngguó guóqíng de shèhuì zhǔyì. Wǒmen tōngguò zìjǐ de kēxué shíjiān míngbáile, fāzhǎn shēngchǎnlì cái shì wǒmen de gēnběn rènwù. Wǒmen jiāng shèhuì zhǔyì xiàndàihuà jiànshè fēnchéng liǎng bù, wǒmen zhèxiē chéngguǒ dōu shì qiánsuǒwèiyǒu de, dúchuàng xìng de, yīn wéi zhīhòu kāichuàng zhōngguó tèsè shèhuì zhǔyì tígōngle fēicháng bǎoguì de jīngyàn.

www.QuoraChinese.com

www.ingramcontent.com/pod-product-compliance
Lightning Source LLC
LaVergne TN
LVHW061957070526
838199LV00060B/4179